LA VOZ

de la

ESPADA

JOSEPH L. SINKFIELD

ISBN: 979-8-88615-299-9 (Paperback)
       979-8-88615-300-2 (Hardback)
       979-8-88615-301-9 (Ebook)

Inks and Bindings
888-290-5218
www.inksandbindings.com
orders@inksandbindings.com

ÍNDICE

G racias por comprar La Voz de la Espada. Doy gracias a Dios por la oportunidad de compartir la sabiduría y el conocimiento que se me ha dado a lo largo de los años. Oro para que se diga algo que te anime a encontrar esa relación personal con Dios para que cuando Dios comience a moverse, puedas encontrar tu propósito y dirección en tu vida.

Sígueme por un momento. Mira hacia arriba hasta el punto de no poder ver ninguna parte de ti mismo. Al hacerlo, no podrás saber nada de ti, de tu sexo, raza, tamaño, etc. Desde ese punto de vista, es importante con qué llenas ese conocimiento y percepción de ti mismo. Aunque aterrador, el vacío en esta área necesita ser explicado para tu satisfacción. Dios colocó dentro del hombre un despertar, un impulso espiritual y una determinación para encontrar a su Hacedor, para obtener comprensión y para encontrar a Dios. Alguien en sintonía con el espíritu de Dios, iluminado por Dios, puede ayudar en este descubrimiento.

El hombre es un ser espiritual hecho a imagen de Dios con una conciencia espiritual que necesita ser descrita de forma precisa y correcta. Déjà vu es la condición en la que una persona experimenta una situación fuera del cuerpo sin haber estado en un lugar físicamente, y saben que han visto la situación exacta momentos antes. No pueden explicarlo, pero lo ignoran o simplemente dicen que es un déjà vu. Estás entrando en esa área espiritual de tu vida en la que debes obtener la interpretación adecuada de ese suceso, que no puedes negar. Habiendo dicho todo esto, vayamos a las escrituras como prueba.

En Génesis 1:26-31 RV, la Biblia habla de la creación del hombre; de cómo fue creado a imagen de Dios; y de cómo Dios los bendijo, varón y hembra. Dios es un espíritu, por lo tanto, el hombre fue hecho a Su imagen, un ser espiritual, creado en el sexto día con todos los atributos de Dios. La explicación de todo esto es que la humanidad fue creada en el sexto día, como seres espirituales masculino y femenino. Toda la humanidad comenzó de esta manera. En pocas palabras, Dios tomó una de Sus creaciones espirituales en el sexto día y formó un cuerpo. En el siguiente capítulo, versículos 1-6, "un hombre para labrar la tierra" en el séptimo día y lo llamó nombre Adán, poniendo las dos partes juntas, el primer hombre en la tierra en su forma física del polvo de la tierra para labrar la tierra. Tenemos una tercera parte del hombre que necesita ser explicada. Génesis 2:7 dice que el aliento de vida le fue dado a Adán, lo que muestra que las tres partes distintas del hombre son una y la misma.

El diablo, yendo de acá para allá en el mundo, siendo arrojado del cielo en las tinieblas exteriores, miró a su alrededor y vio la luz. Debes leer con comprensión Génesis 3:1, donde la serpiente comienza a hablar a la mujer. De lo que está diciendo, debes entender que había estado en la presencia de Dios y transmitió este conocimiento a la mujer. La serpiente tomó la palabra de Dios, le añadió una palabra y su significado para convertirla en mentira. El maquillaje de la serpiente era una bestia. El diablo no tiene poder para crear un cuerpo en el que operar, así que entró en la siguiente mejor cosa, un animal. Las escrituras mencionan específicamente a una bestia, ni muy humana ni muy animal. En algún punto intermedio.

Los científicos han estado buscando esta parte de la evolución, que dicen que fue la progresión del hombre, desde entonces, el eslabón perdido. La serpiente entró en esta criatura en forma de hombre para llevar a cabo su plan de perturbar, contaminar y falsificar la perfecta creación de Dios, el hombre. Para reiterar, la serpiente no tiene otro poder que el de transformarse o entrar en esta serpiente, esta bestia con el fin de corromper el principio del hombre. Lo primero que hizo fue cambiar la verdad de Dios en una mentira añadiendo una palabra a la palabra de Dios para convertirla en mentira. La serpiente usó el árbol del conocimiento para engañar a la mujer añadiendo a la palabra de Dios, haciéndola una mentira. Tienes, en el principio, dos hombres y una mujer, y uno de ellos es un demonio.

Desde el principio, todos estaban desnudos, y Adán y Eva no se avergonzaron. El diablo se confabuló con la mujer y consiguió que comiera del árbol. A ella también se le dio el conocimiento del bien y del mal. Si Adán hubiera estado con ella cuando la bestia le dijo lo que Dios dijo, él la habría corregido. La información le fue dada a Eva a través de Adán. Cuando Eva comió del fruto, murió, murió espiritualmente, separada de Dios. También en esta comunión con Eva, ella fue iluminada acerca de las actividades sexuales, lo que le causó vergüenza. Ahora sabía que estaba desnuda. Para los cristianos, estudiar la Palabra de Dios es crítico, destruye la vida y el alma, añadiendo y quitando de la Palabra de Dios, cambiando su significado. Vemos que ella añadió la declaración, "Ni lo tocaréis para que no muráis".

La serpiente añadió la palabra no a la declaración para cambiar la palabra. Elimina de tus pensamientos los árboles y las serpientes, y considera el árbol genealógico, el fruto del vientre. Las manzanas y los árboles no hacen que nadie se avergüence de su cuerpo. Dios, al dictar sentencia, comenzó maldiciendo a la serpiente y hablando de poner enemistad u odio entre la simiente de la serpiente y la simiente de la mujer. Que el castigo corresponda al crimen. ¿Te has preguntado alguna vez por qué hay enemistad entre las dos semillas? Y si hay enemistad, ¿cómo adquirió la serpiente una semilla? Semilla se refiere a hijos. Si Dios dijo esto, lo cual hizo, entonces este proceso de pensamiento debe ser consistente con todas las otras escrituras.

En el capítulo siguiente, nacieron dos simientes: una bendecida, la otra maldecida, y tras el castigo, una mintió a Dios y asesinó a la otra-no son atributos ni imagen de Dios (1 Juan 3:7-12). Sí, Eva fue la madre de todos los seres vivos. Las escrituras implican o no aclaran quiénes son los padres. Tu trabajo como estudiante cristiano es interpretar el significado, llegar a una conclusión y averiguar quién era su padre. Si la conclusión a la que llegas es decir que Adán era el padre de Caín, tú -por falta de conocimiento- acusas al pecado de entrar en el mundo por Dios. Cuestiónate a ti mismo y a tu pensamiento: si Dios es perfecto, y Adán fue hecho a su imagen, entonces ¿dónde estaban el asesinato y las mentiras y la falta de respeto de Dios hacia Caín y su ofrenda (2 Timoteo 2:15 RVR y Apocalipsis 22:18-19)?

Esta fue la primera vez que la serpiente hizo esto, pero se hace en toda la Biblia. El diablo citó las escrituras con Jesús, siendo él mismo Dios (Mateo 4:1-11). Hay una gran diferencia entre leer las Escrituras y estudiar las Escrituras. Debes preguntarte quién, qué, cuándo, dónde, por qué y cómo. Cuestiona tu proceso de pensamiento. Con sólo leer, pasarás por alto hechos importantes y harás evidente el entendimiento del escritor (Proverbios 4:7).

Ahora bien, siendo Génesis el primer libro de la Biblia, es también el libro de las primicias: la primera vez que sucedieron cosas según tu entendimiento, la primera creación, el primer hombre, el primer matrimonio, etc. Cuando Dios hizo dormir a Adán, le quitó la costilla y formó a la mujer. Adán la llamó su mujer. Esta es una declaración importante para lo que sucede a continuación. Ahora Adán tiene una compañera, una esposa que le ayuda a cuidar el jardín, la primera hembra. Ambos estaban desnudos y no se avergonzaban. Estaban casados, la primera. Aquí es donde la mayoría de los cristianos con mentalidad de escuela dominical no pueden seguir las escrituras: no pueden ir más allá de los árboles, las serpientes y las manzanas.

Debido a lo que se hizo en el jardín, cada uno de ellos comenzó a señalarse con un dedo acusador. Fue la serpiente; fue la mujer; no, fue el hombre. Dios empezó por la serpiente y repartió el castigo. Al hacerlo, su castigo fue ser maldecido hasta el vientre. Si para empezar era una serpiente, ¿por qué ahora tiene que moverse sobre su vientre y comer polvo? La lujuria del ojo, el orgullo de la vida, y la lujuria de la carne-parte del maquillaje del hombre es polvo. Cuando pecamos contra Dios, lo hacemos según la carne. Debemos darnos cuenta de que la serpiente era un varón, tuvo compañerismo con la mujer, y le dio conocimiento que la hizo avergonzarse de estar desnuda, y ella era la esposa de otro hombre.

El castigo fue más allá; Dios castigando a la serpiente por lo que había hecho, dijo que pondría odio o enemistad entre la serpiente y la mujer-también entre la simiente de la serpiente y la simiente de la mujer. Una serpiente no puede tener relaciones carnales con una mujer y producir un hijo. Lo que se le hizo a la mujer le causó vergüenza. Enemistad u odio es puesto entre la serpiente y sus semillas y la mujer y su semilla. Este odio fue puesto entre ellos dos. Cuando hay niños involucrados, se considera adulterio, el primer acto que se nos dice que no cometamos. Ahora para la mujer, su castigo por el pecado fue el dolor durante su concepción. ¿Por qué Dios comenzaría su castigo con el dolor de la concepción, sabiendo que estaba embarazada? La declaración sobre su deseo ahora será a su esposo, significando que ella deseaba a alguien más. El único otro hombre que fue parte de la historia al principio fue la serpiente que fue maldecida hasta su vientre. El castigo de Adán a causa del pecado fue el trabajo duro, y comería de la tierra mientras labraba el suelo todos los días de su vida.

Adán conoció a su mujer Eva, y tuvieron un hijo llamado Caín, primogénito de Eva. Según las escrituras, volvieron a tener un hijo llamado Abel. Una explicación de esto es que el conocimiento de su cuerpo y las actividades sexuales que causaron que ella se avergonzara de su cuerpo fueron contadas a Adán. Adán tuvo relaciones con Eva, que ya estaba embarazada de la serpiente. Entonces ella dio a luz a Abel. El Señor dijo que la enemistad fue puesta entre ellos; tenía que ser así. La simiente de la serpiente y la simiente de la mujer, siendo Eva la madre de todos los vivientes.

Llegó un momento en que ambos hijos presentaron una ofrenda al Señor, y el Señor tuvo respeto por Abel y su ofrenda. Pero por Caín y su ofrenda, el Señor no tuvo ningún respeto. Romanos 2:11 dice que el Señor no hace acepción de personas, en esta situación, está claramente mostrando falta de respeto por Caín y su ofrenda. O el Señor está mostrando favoritismo entre los dos hijos, o uno de ellos no es persona. Debido a la falta de respeto, Caín se sintió enojado con el Señor y quiso lastimar lo que el Señor amaba y respetaba. En el capítulo anterior, la enemistad fue puesta entre la simiente de la serpiente y la simiente de la mujer. Como dijo el Señor: "Hágase la luz", y se hizo la luz. La enemistad tenía que jugar un papel en la vida de los dos hijos. El Señor le dijo a Caín: "Si haces el bien, te aceptaré", sabiendo que no estaba en él hacer el bien, le dio esa oportunidad. Caín se levantó y mató a su hermano. Cuando fue confrontado por el Señor, le mintió directamente.

Dos cosas sucedieron: el primer asesinato y la primera mentira, atributos no de Adán ni de Dios. Deberías preguntarte de dónde vinieron. Algunas personas que solo leen la Biblia y no la estudian dirían Adán, pero estos no son atributos de Adán ni de Dios (Juan 8:44; 1 Juan 3:12). Adán y Eva pecaron contra Dios, pero eso no los hizo menos hijos de Dios. A Caín se le puso una marca en la frente para distinguirlo de todas las demás personas de la tierra. Sería marcado como asesino y mentiroso. La marca de la bestia, un ser erguido en forma de hombre, no un hombre sino una bestia como su padre, la serpiente, el diablo con atributos malignos.

En Génesis 4:17, Caín conoció a su mujer, y ella concibió y dio a luz a Enoc. ¿De dónde procedía su mujer? Esta serie de acontecimientos establece que Adán y Eva tuvieron otros hijos al principio, hijas para que él tomara a su mujer y tuviera hijos. La decena de hijos nombrados en su linaje nacieron antes que set. No se menciona en el linaje de Adán, esto no es un error u omisión. Jesús tenía que tener un linaje puro desde Adán hasta él mismo. Hablando sobre este punto, tuvo que haber una línea de sangre separada en el principio, dando credibilidad al entendimiento de la línea de sangre de la serpiente. Solo hay que explicar cuándo y cómo se alinea con la palabra de Dios.

El grupo de Caín fue llamado las hijas de los hombres. Seth y su grupo fueron llamados los hijos de Dios. Desde Adán hasta Noé, pasaron unos nueve mil años. De acuerdo con la Biblia, tienes que nacer en estas familias, una parte de un árbol genealógico. Aunque Caín estaba vivo en la tierra, no fue mencionado en la familia de Set ni en ninguna de sus semillas o hijos. Desde entonces hasta Noé, tienes que recordar que no había llovido en la tierra durante todos esos muchos años. El plan de Dios ya estaba en marcha. Las escrituras dicen que Noé tenía quinientos años cuando Dios le habló para que construyera el arca. Cuando Noé obedeció al Señor y construyó el arca exactamente como el Señor dijo, fue la palabra de Dios en la tierra en su forma física, como un testimonio a esa generación de que iba a llover.

Más de nueve mil años de la tierra siendo regada por la niebla, un tiempo excepcionalmente largo, que si te puedes imaginar, una acumulación de agua. Dios, cambiando el orden de las cosas, habló a Noé para que construyera el arca, la palabra de Dios en la tierra para salvar a su pueblo elegido de la destrucción que se avecinaba. Una parte del plan de Dios era eliminar la maldad del mundo para que no avanzara más. Muestra a Dios hablando a su pueblo elegido, que le escucha y le obedece en medio de la maldad. La gente malvada continúa cada día como si nada fuera a cambiar. La misma agua que salvó a Noé y a su familia fue la misma que destruyó toda vida fuera del arca. Dios es real, vivo, y se mueve en medio de Su pueblo, dándoles direcciones mientras la gente malvada continúa como si nada fuera a cambiar; Su pueblo se está preparando para este cambio.

Vemos que la serpiente estaba bien versada en las Escrituras, sabiendo dónde podía cambiarlas en una mentira para distraer a la gente inculta e inexperta de su verdad y poder. Cuando Jesús, en Su ministerio, hablaba a miles de personas, apartaba a Sus discípulos de las masas y les explicaba el mensaje que acababa de dar (2 Timoteo 2:15). El diablo, varias veces en la Biblia, trató de dar su interpretación de las escrituras, incluso tratando de corregir a Jesús, la Palabra.

Noé tenía quinientos años cuando el Señor le habló de destruir al hombre de la faz de la tierra, y seiscientos años, dos meses y diecisiete días cuando entraron en el arca. Sí, llovió durante cuarenta días y cuarenta noches, pero esa no fue la única cantidad de tiempo que estuvieron en el arca. El propósito de esto es que Dios hizo provisiones para que los habitantes tuvieran comida durante el tiempo que estuvieron en el arca consumiendo una porción de los siete animales, agotando el número y aún teniendo un par para repoblar la tierra después del diluvio. Fue la cantidad de tiempo que llovió. También la mentalidad de escuela dominical de que los animales iban de dos en dos, lo que especifican las escrituras, de los animales limpios de siete en siete y los animales inmundos de dos en dos.

Siguiendo las escrituras, se menciona que Noé y la familia estuvieron en el arca durante 150 días (Génesis 7:24). Si tomas esos 150 días y los conviertes en meses, eso se traduciría en unos cinco meses hasta ahora. Finalmente, en el séptimo mes y decimoséptimo día, el arca descansó en el monte Ararat (Génesis 8:4). La Palabra dice que estuvieron en el arca más de cuarenta días y cuarenta noches. Noé tomó un cuervo, un ave sucia y carroñera, y lo dejó salir del arca. El cuervo no regresó. Un cuervo podría sobrevivir en los cadáveres, comiendo carne en descomposición, y estaría como en casa. El cuervo representa al diablo, cómo abandonó el reino de Dios para intentar ser Dios (2 Tesalonicenses 2:2-4). Se podría revelar mucho sobre este tema, pero el tiempo no lo permite. Noé cerró la ventana y se quedó otros cuarenta días. Llevando la cuenta de los días en meses, ahora son aproximadamente siete.

Después de esos cuarenta días, Noé envió una paloma desde el arca, pero la paloma no encontró ningún lugar donde posar sus patas. La paloma volvió al arca y permaneció siete días. Noé volvió a soltar la paloma, que regresó con una rama de olivo. Permanecieron en el arca otros siete días por segunda vez. Por tercera vez, la paloma fue soltada, y no volvió más. La paloma, ave limpia, representa las tres dispensaciones de Dios: Padre, Hijo y Espíritu Santo. Note que cuando Noé entró en el arca, tenía seiscientos años, y cuando estaba saliendo, tenía 601. Con esa afirmación, Noé y su familia pasaron más de un año en el arca (Génesis 8:13), un período de tiempo lo suficientemente largo como para dar a luz a un niño. Ocho personas subieron al arca; nueve bajaron. De las ocho personas, Dios las bendijo y les dijo que fructificaran, se multiplicaran y llenaran la tierra.

La Biblia muestra que Cam fue el padre de Canaán. Pregúntate, ¿quién fue su madre? Si Cam y su esposa lo tuvieron, ¿por qué le disgustaría a Noé maldecirlo? Noé no podía maldecir a su hijo Cam porque Dios lo bendijo. ¿Qué hizo Cam para que Noé maldijera no al hijo, sino al nieto, un niño pequeño y supuestamente inocente? El niño no tenía edad suficiente para saber lo que era el pecado o para cometerlo. Siguiendo las escrituras, Noé despertó de su vino y maldijo a Canaán (Levítico 18:6-8). Noé estaba descubierto en su tienda. ¿Dónde estaba la mujer de Noé? Los hijos de Noé colocaron una sábana sobre sus espaldas para cubrir la desnudez de su padre.

Considere cuatro hombres juntos en una tienda. No habría necesidad de que los dos hijos se colocaran la sábana y entraran de espaldas en la tienda, a menos que la persona del sexo opuesto estuviera expuesta como si fuera su madre. También muestra la osadía de Cam, como si ya lo hubiera hecho antes. El plan de Dios para el diluvio era destruir a los malvados habitantes de la tierra y salvar a Noé y su familia para repoblar la tierra. Esto se cumplió, pero el diablo estaba en los detalles del arca. El quería que su línea de gente continuara. Si usted estudia esta línea de gente, encontrara los nombres y lugares de gente que odiaba a Dios. El pueblo de Canaán era un pueblo sexualmente perverso cuya tierra lindaba con Sodoma y Gomorra. Este fue el primer caso de incesto en la Biblia. La ley de Moisés nos dice que no matemos, pero cuando los elegidos pasaron por varias zonas, se nos dijo que destruyéramos totalmente a los habitantes de la tierra. Para algunos, es una contradicción el simple hecho de que los hijos del diablo repoblaran la tierra, lo que disgustó mucho a Dios.

Dios es un espíritu (Juan 4:24). La Biblia dice que el espíritu de Dios se movió sobre la faz del abismo y dijo: "Hágase la luz", y se hizo la luz. Se comunicó con Su creación, la serpiente y los hijos de Eva. En ese momento, maldijo a la serpiente, a la mujer y a Caín. Las escrituras muestran una comunión comprensiva y ellos conociendo la voz de Dios. El hombre fue hecho a Su imagen, una parte del hombre (Génesis 1:27), y un espíritu igual a Dios. Estaba allí al igual que todo hijo de Dios. Luego tomó Su creación y la puso en el polvo para labrar la tierra, siendo el primero Adán. Cuando Dios esta presente, tu espiritu puede sentir Su asombroso poder, tú lo reconoces, y El cambia la misma atmosfera a tu alrededor para que no tengas excusa.

La parte de carne de ti puede no entender o estar sujeta a si misma. Comprender que tus dos partes son la misma persona te permite saber que algo espiritual ha tenido lugar. Nadie puede engañarte porque te ha sucedido a ti, y hay constancia en tu carne o en lo físico de que ha sucedido, aunque no puedas explicarlo. Es muy importante llegar al lugar donde entras en contacto con el espíritu de Dios. Esto te mostrara una parte de Su plan para redimir a la humanidad del lugar de autoridad que se perdió en la caída. Antes de la caída, Adán era perfecto. Los científicos mintieron a la gente acerca de su teoría de la evolución, acerca de cómo los átomos chocaron entre sí, causando la teoría del big bang, o como la gente evoluciono de los simios.

Los cristianos creen en un creador, en un ser supremo. ¿Por qué la gente no se parece a las representaciones de los artistas o a las interpretaciones de extraterrestres con dos cabezas, ojos tentaculares y siete patas? Los cristianos creemos en la Biblia de nuestro Dios supremo y todopoderoso. Nuestros espíritus dan testimonio con su espíritu de que somos hijos de Dios (2 Corintios 5:8; Hechos 5:32). Muchas escrituras en la Biblia hablan de una vida después de la muerte, una parte del hombre que vive después de la muerte, o la separación de la carne y el espíritu. Recuerde que fuimos creados a imagen de Dios. Si esto es verdad, que lo es, mientras Dios viva, nosotros vivimos. Si no nos reconectamos con Dios y tenemos Su espíritu morando, nuestro castigo será para siempre.

El castigo de la serpiente es para siempre (Oseas 4:6). Mirando las escrituras, la bestia usó la falta de entendimiento para engañar a Eva para que recibiera el conocimiento del bien y del mal, añadiendo una palabra a la palabra para convertirla en mentira, poniendo también su interpretación de lo que no debía hacer con respecto al árbol. El diablo trató de igualar el ingenio con Jesús después de que el espíritu se encendió en Él y lo llevó al desierto durante cuarenta días. Después, Jesús tuvo hambre, y el diablo intentó que Jesús convirtiera las piedras en pan, saltara de la montaña y se postrara y adorara al diablo. Si el diablo se atreviera a enfrentarse a Jesús en su estado de debilidad, haría su agosto con los cristianos ignorantes o incultos.

Un testimonio temprano de Dios hablándome fue cuando estaba manejando en mi carro sola yendo al supermercado, mi mente en la bondad de Jesús y lo hermoso que estaba el día. Me detuve en la intersección de la luz roja. De repente, oí una voz que decía: No te muevas. Miraba alrededor del interior del coche, sabiendo que estaba solo. Miré fuera y alrededor de mi vehículo en busca de alguien lo suficientemente cerca de donde la voz podría estar viniendo. La voz no era audible. La única manera de explicarlo es que no estaba en mi proceso de pensamiento, cristalina y conectada con mi espíritu. Mi posición en este camino era el primer coche en el semáforo para salir del centro comercial.

Miré por el retrovisor y otro coche se detuvo detrás de mí; el semáforo seguía en rojo. Entonces oí de nuevo la voz, con urgencia, diciendo: No te muevas. Pienso en la voz y en el coche que venía detrás de mí, en lo que habría hecho si yo no me hubiera movido cuando el semáforo cambió a verde. Me decidí a no moverme, obedeciendo a la voz. El semáforo se puso en verde. No me moví. Mirando por el retrovisor al tipo que venía detrás, parecía frustrado de que yo no empezara a moverme cuando el semáforo se puso en verde. De repente, oí el sonido del motor de un coche acelerando al máximo. Era un Mustang 5.0 que circulaba a más de 120 mph cruzando la intersección con el semáforo en rojo para él. Tuve que recomponerme durante unos instantes, dando gracias a Dios por haberme avisado, y obedecí la voz. Sin dejar de dar gracias a Dios por haberme perdonado la vida, miré por el retrovisor y el tipo que iba detrás de mí, con los ojos muy abiertos, estaba atónito por lo que había ocurrido. Volví a oír: No te muevas.

El semáforo aún estaba en verde y a punto de ponerse en amarillo. Miré por el retrovisor al tipo que iba detrás de mí. Se echó hacia atrás en su asiento como diciendo: "Si tú no vas, yo definitivamente no voy a ir". Volví a oír motores revolucionados y vi al menos veinte vehículos de la policía circulando a más de 120 mph persiguiendo al Mustang. El viento de los coches que pasaban golpeaba mi coche. Para entonces, el semáforo vuelve a ponerse en verde para mí y para el conductor que iba detrás de mí, y ambos damos gracias a Dios por haber escuchado la voz y no haber provocado un choque en cadena devastador. El semáforo estaba a punto de ponerse en amarillo. El conductor y yo pasamos el semáforo en amarillo, aun escuchando las instrucciones. Sentí que, si hubiera entrado en la intersección y no hubiera escuchado la voz, no estaría aquí para hablar de la importancia de escuchar a Dios (Mateo 24:36-39). Dios sigue hablando a Su pueblo, haciéndole saber cuáles son Sus planes. Los cristianos que escuchan de Él crean un arca de seguridad que los salvará del peligro inminente como a la generación de Noé. Esta vez no será agua sino fuego.

Después de que las hijas de los hombres fueron destruidas de la faz de la tierra por el diluvio, el mal surgió de nuevo a través del pueblo de Canaán: un pueblo maldito, un pueblo que odiaba a Dios. Ahora entendemos lo importante que es ser cautelosos en cómo interpretamos las escrituras, ya sean escritas, no escritas o implícitas, porque podemos estar diciendo algo sobre Dios que no es exacto, por ejemplo, Caín. Si Caín era hijo de Adán, estás diciendo que Dios tiene un lado malvado e implicas que el mal entró en el jardín a través de él y exhibe atributos de su "padre", Adán, que fue hecho a imagen de Dios. No está escrito quién era su padre, pero tu interpretación debe ser coherente en tus pensamientos.

Pregúntate: ¿por qué iba Dios a respetar a un hijo más que a otro o a mostrar favoritismo por uno y no por otro? Adán fue hecho a semejanza de Dios. Adán fue bendecido, y ahora tener a su supuesto hijo maldecido y llamado malvado parece un poco injusto. No entender la parte no escrita de las escrituras es tan importante como lo que está escrito. Mirando a la Torre de Babel, esas personas-los hijos de los hombres, personas malditas-comenzaron a usar el conocimiento del bien y del mal, principios bíblicos, para llevar a cabo sus malos pensamientos y construir una torre al cielo usando un principio bíblico: donde hay unidad, hay fuerza. Se tuvo que poner un alto a la obra maligna, confundiendo el lenguaje para detener este proceso. ¿Quién confundió las lenguas? Dios lo hizo.

Abram comenzó a comunicarse con Dios, y Dios le dijo que abandonara la ciudad. Bendeciría a los que le bendijeran y maldeciría a los que le maldijeran, y engrandecería su nombre en toda la tierra. Así que Abram tomó a su mujer y comenzó a viajar, llevando también consigo al hijo de su hermano, Lot. Otra parte no escrita de la historia se refiere a su esposa, Saraí. Sabemos que Abram tenía unos setenta y cinco años cuando inició su viaje, y Saraí era hermosa incluso a los sesenta y cinco años aproximadamente. Se les ocurrió un plan para mantener vivo a Abram cuando pasaran por las ciudades a causa de su belleza diciendo que era su hermana y no su esposa.

A primera vista, parece que mintieron, un principal del diablo, y Dios les permitió hacerlo. Abram y Saraí pasaron por un pueblo donde el rey de ese pueblo vio a Saraí y su belleza y se la robó. Este rey temía a Dios y descubrió que Saraí era la esposa de Abram. Temiendo a Dios, le dio a Abram ovejas, ganado, ropa y otras cosas, temiendo que rompiera un matrimonio, una unión establecida e implementada por Dios. Dios seguía señalando que su aceptación y bendición del matrimonio continuaba a través de Abram. Cuando uno de los reyes de la tierra vio a Saraí y su belleza y la quiso para sí, se la robó, suponiendo que Abram era su hermano. Descubrió que había sido engañado, llamó a Abram y le preguntó por qué el engaño. Éste lo despidió con riquezas, dando gracias a Dios por no haber roto la institución y la unión establecidas por Dios.

Abram construyó un altar para el Señor, y Dios comenzó a trazar un camino a través de la historia, que mucha gente no puede comprender. Los pastores de Lot luchaban con los hombres de Abram, donde no podían permanecer juntos debido a la cantidad de cosas que tenían; la tierra no podía contenerlos a ambos. Se tomó la decisión de separarse; elige una dirección y yo iré en la otra. Lot y sus hombres eligieron el camino fácil, pero Abram eligió el camino difícil y montañoso para vivir. Con el paso del tiempo, los reyes de aquella zona, no satisfechos con sus posesiones, se apoderaron de las pertenencias de Lot y de los reyes con los que guerreaban. Abram reunió a sus hombres y trajo de vuelta las pertenencias de Lot. Llegando al punto en que los movimientos de Dios comienzan a cambiar.

Sucederían cosas que cambiarían la forma en que Dios operaba. Cambió los nombres de Abram y Saraí. Los nombres en el Antiguo Testamento tenían significados específicos, Abram a Abraham y Saraí a Sara. El nombre Abraham significa padre de muchas naciones. Aunque Abraham tenía setenta y cinco años y no tenía hijos con Sara, su esposa, cada vez que la gente pronunciaba su nombre, hablaba de la existencia del plan de Dios para Abraham y Jesús. Tenía que ser como: "Hágase la luz", y se hizo la luz. Padre de muchas naciones, como con el cambio de nombre por primera vez, abrió la posibilidad de que Jesús viniera en el nombre de Su Padre.

A lo largo del Antiguo Testamento, Dios era conocido por títulos como Dios Señor; Emmanuel; Dios de Abraham, Isaac y Jacob; y Yo soy. Al igual que con el cambio de nombre de Abraham,

Dios esperó hasta el nacimiento de Juan para darle su nombre (Lucas 1:1-80). Seis meses más tarde, cuando nació Jesús, también a él, del Espíritu Santo, se le dio el nombre de su Padre; es decir, por encima de todo nombre, ya no un título sino un nombre. Es posible que aquí también se utilizaran apellidos para distinguir a personas concretas. Juan el Bautista, Jesús Mesías, Simón Pedro, Judas Iscariote, etc. Jesús y Juan recibieron sus nombres del Espíritu Santo, cambiando el orden de las cosas donde la gente no lo esperaría. Tendrías que conocer a Dios o entrar en el espíritu de Dios para seguirle.

Abram y Abraham son la misma persona-no hay diferencia. Todos los títulos que se usaban en el Antiguo Testamento para Dios fueron combinados en un solo nombre: Cristo Jesús, el mismo Dios. Dios hizo provisiones para que el hombre se reconectara con el espíritu de Dios a través de la ley (Moisés) y los profetas, pero la gente no las recibió, así que Dios mismo vino en la forma de su hijo para redimir a la humanidad de regreso a sí mismo (Romanos 1:17-32). Cuando llegaron los problemas contra Juan el Bautista, éste empezó a cuestionarse lo que creía y envió un mensaje a Jesús, preguntándole si Él era el Mesías o si debía buscar a otro. El mismo Dios del Antiguo Testamento, pero con nombre y ya sin títulos (Juan 10:23-33). Muchas cosas que Jesús dijo e hizo en su tiempo eran confusas para el oyente, pero para el espíritu, las sabemos y las entendemos.

Los reyes de la época de Abraham no sabían que Sara era su esposa (1 Corintios 2:6-10). Los cristianos no comprenden el misterio de que Dios siempre quiere cumplir Su palabra, como cuando Sara le dio a Abraham a su sierva Agar para iniciar el proceso de convertirlo en padre de muchas naciones. Considera lo que hizo Sara y cómo la hizo sentir. Sara quería llevar a cabo lo que Dios dijo, duplicando Su palabra. Sarah trajo a pasar en su tiempo y sus pensamientos su entendimiento y opinión e interpretación. El resultado de su manera de hacer de Abraham el padre de muchas naciones fue que muchas naciones albergaron sentimientos negativos hacia Agar, envidia y contienda, hasta el punto de que Agar huyó de Sara. Por los actos que hizo Sara, no se podía distinguir entre ella y Dios. Sólo el tiempo lo dirá.

Dios está diciendo: "Dejad que el trigo y la cizaña crezcan juntos, y a través del proceso del tiempo, uno será quemado y el otro recogido para la cosecha" (Mateo 13:24-43). Al igual que la Palabra, todo el mundo tiene una opinión de lo que cree que debe ser según su interpretación. Como las aberturas traseras, todo el mundo tiene una. Los miembros de un mismo cuerpo comparten el mismo espíritu. A la hora de elegir qué parte del cuerpo quieren ser, muchos eligen un ojo, una boca, un brazo o una pierna. Nadie quiere ser la abertura de atrás.

Piensa en esto: estás clavando unas tablas. No aciertas con el clavo y te golpeas el dedo. Tu cuerpo acudirá al rescate del dedo que te has golpeado sujetando el dedo herido con la otra mano. Puede que te lo lleves a la boca. Otras partes acudirán al rescate para consolar al miembro herido. Pero se presta muy poca atención, si es que se presta alguna, a ese miembro. Deja que ese miembro se apague y se niegue a llevar a cabo su propósito. Nada funcionará bien. Quiero decir nada, ni los ojos, ni los brazos, ni las piernas, ni nada. Incluso tus pensamientos no serán claros hasta que ese miembro funcione correctamente. Aplica todo esto a la Biblia, Es difícil distinguir las acciones de Sara del propósito de Dios de hacer de Abraham el padre de muchas naciones. Déjalo estar; deja que Dios sea Dios. Todo lo que Dios hace, lo hace bien. Dios hizo provisiones para que el cuerpo siguiera Su plan, y ese es el espíritu (1 Corintios 2:7-10).

Otro ejemplo: Pedro, en el ministerio de Jesús, fue llevado aparte con Santiago y Juan. Jesús se transfiguró delante de ellos. Preguntó a los demás: "¿Es bueno que estemos aquí?". Si no hubiera sido bueno estar allí, Jesús no los habría llevado. Movido por el miedo, se le ocurrió construir tabernáculos; la voz le corrigió (Mateo 17:1-8). Otro ejemplo de Pedro que no espera en Dios es cuando los discípulos estaban reunidos para esperar la promesa del Padre. Se levantaron y discutieron sobre añadir otra persona a los doce, diciendo que Dios eligiera entre los dos que habían designado para ocupar el lugar de Judas en el ministerio, luego echaron suertes, y las suertes cayeron sobre Matías. Para él tenía sentido, incluso citando escrituras para añadir a su sugerencia (Hechos 1:15-26).

Eligieron a los dos que Dios debía escoger y luego echaron suertes. Uno, limitaron las opciones de Dios a dos y no le dieron a Dios la oportunidad de dar a conocer su elección. El echar suertes es algo que Dios nunca usaría para dar a conocer su elección a nadie. La elección de Dios sería revelada más tarde (Hechos 9:15). Matías sólo mencionó que una vez en la Biblia, Saulo fue el mayor apóstol de los gentiles, y sus obras fueron escritas a lo largo del libro de los Hechos. Otras veces, Pedro, actuando según su interpretación, se sintió listo para morir por Cristo, negó al Señor tres veces, caminó sobre el agua donde Jesús tuvo que salvarlo, y le cortó la oreja al soldado.

Todas estas situaciones son para nuestra comprensión. El celo de Pedro por agradar a Dios cometió errores. Al leer la Biblia, todos ellos fueron corregidos después de que el espíritu y el bautismo de fuego entraron en su interior, conduciéndolo y guiándolo a todas las verdades. En ninguna parte, después de invitar al espíritu a entrar, cometió errores o se apoyó en su propio entendimiento. Es el espíritu el que le dio su conocimiento, entendimiento y poder. Después de que el espíritu fue recibido por Pedro, se le dieron las llaves del reino y se le confió la alimentación de las ovejas y corderos de Dios, aprendiendo a esperar en Dios en el tiempo de Dios, y conociendo su propósito para Su palabra. Muchos cristianos que operan con sentimientos y emociones culpan a Dios por muchas cosas y se enojan con Dios por no esperar en El (Jonás 4:1-11). Cristianos o creyentes que tienen seres queridos y no conocen o entienden el plan de Dios perderán a su ser querido y se enojaran con Dios.

En la vida, empiezas a morir en el instante en que naces. Hay una fecha de expiración específicamente planeada en el tiempo de Dios, para separar la carne y el espíritu, o el polvo y el espíritu. Nuestro trabajo es educar al niño en el camino que debe seguir, y cuando sea viejo, no se apartará del camino. Vivan una vida que sea agradable a Dios de acuerdo a las escrituras, en lugar de quedar atrapados en perpetuar mentiras, falsas doctrinas y fábulas que no les dan una buena base de donde partir. La temporada de Pascua vendrá y se irá. Los niños en esta generación serán pacificados con conejitos poniendo huevos, una imposibilidad, y Jesús siendo resucitado en la mañana del Domingo de Pascua.

Según las escrituras, Jesús murió en la cruz el Viernes Santo, no tener a Jesús en la cruz durante la Pascua comenzó a romperle las piernas, pero ya estaba muerto. Desde el viernes por la noche hasta el domingo por la mañana, no se puede tener tres días y tres noches. Los cristianos incultos tapan lo que dice la Biblia con esta mentira, dando a los niños arena para sostenerse (Mateo 12:40- 45). ¿Qué oportunidad tienen los niños de encontrar la verdad cuando no se les da la verdad? Los niños dependen de sus padres para que les muestren el camino, para que les presenten a un Dios que no pueden ver, ¿Cómo pueden hacerlo si ellos mismos no conocen al Dios vivo y verdadero? También los padres mienten sobre renos que vuelan, gordos que bajan por la chimenea, muñecos de nieve que cobran vida y el Ratoncito Pérez. Los niños eligen no creer a sus padres sobre un Dios invisible cuando se les miente constantemente.

Abraham no se dio a conocer como el marido de Sara para mantenerlo vivo a causa de su belleza. Se disfrazó ante la gente de su tiempo, abriendo la avenida o el camino de la entrada de Jesús en el mundo, y la gente de su tiempo siempre discutió entre sí quién era. Hasta el día de hoy, la gente sigue discutiendo sobre la identidad de Jesús. Pero Dios utilizó a Moisés para dirigir al pueblo hacia las cosas de Dios, pero el pueblo no podía vivir según los mandamientos. Entonces Dios envió a los profetas para que el pueblo volviera a Él. El pueblo no los recibió, así que Dios ideó el plan de venir Él mismo (Juan 1:10; Juan 1:1-40; 1 Timoteo 3:16).

Sara intentó llevar a cabo lo que Dios dijo sobre Abraham según su interpretación y en su tiempo. Su solución de dar a Agar para lograr esto fomentó la ira, la hostilidad, y, en su marco de tiempo, la negatividad. El plan de Dios era hacer de Abraham el padre de muchas naciones a través de su linaje y con su esposa y en el tiempo de Dios. Todo lo que Dios hace, lo hace bien, incluso a los noventa años de edad de Sara y a los cien de Abraham, mucho más allá de la edad fértil. Ambas declaraciones registradas existieron lado a lado hasta que Dios las llevó a cabo en su tiempo, de la manera en que lo planeó.

Mi mente se remonta a cuando era joven. Dios había estado tratando conmigo para enderezarme y volar derecho, servirle, y rendirme a Su espíritu. Yo estaba huyendo de Dios. Se me ocurrían todas las excusas de por qué no podía servir al Señor: Soy demasiado joven; hay muchos hipócritas en la iglesia que no están a la altura de lo que alguien consideraría que debe ser un buen cristiano lleno del espíritu. Así que huí, sin ceder al espíritu. Yo era el encargado nocturno de la estación Shell en mi área. Hubo un informe de noticias que el área estaba experimentando criminales relacionados con las muertes de los asistentes nocturnos cuyo modus operandi era entrar en una estación de servicio en la carretera donde yo trabajaba un miércoles por la mañana a las 2:00 a 3:00 a.m., llevar al asistente nocturno a las puertas de la bahía, y luego dispararle en la parte posterior de la cabeza, al estilo ejecución, con un calibre .45 cada semana.

Estos crímenes ocurrieron tres semanas antes de la mía, la cuarta. En esa época, yo era más joven, trabajaba y ganaba algo de dinero. Compraba paquetes de chicles y me los metía en la boca y los masticaba porque podía. Antes de la mía, que era la cuarta semana, ya habían muerto así tres auxiliares cada semana. Yo trabajaba de 11:00 p.m. a 7:00 a.m. un miércoles, aproximadamente a las 2:30 a.m., cuando dos tipos entraron en la estación. Los asistentes nocturnos no les guardaban dinero. Después de cada venta, dejaban el dinero en una caja fuerte del piso, cuya llave no estaba a disposición del encargado nocturno, sino sólo del gerente en el cambio de turno de la mañana. Yo no llevaba dinero encima. Todo lo que tenía era un gran llavero de plástico para los baños.

Se dieron la vuelta para marcharse y yo me giré para ir a la parte de atrás, entonces uno de ellos me agarró por detrás y me estranguló. Uno se fue a la parte de atrás y el otro, que me tenía estrangulado, me llevó hasta las puertas de los baños y me dijo que me arrodillara. Me registró los bolsillos en busca de dinero y encontró la llave. El otro me dijo: "Si es una pistola, dispárale". Más o menos en ese momento, sacó una pistola del calibre 45. Ahora de rodillas, empecé a darme cuenta de que el modus operandi se estaba cumpliendo: miércoles, 2:30 a.m., pistola calibre .45, y asistente nocturno. Me puse serio con Dios; no más excusas, no más juegos, no más correr. Al ver que todo sucedía de la manera en que otros habían muerto, recé para que Jesús me llevara -no más pensar que podría vivir una larga vida- y dije Amén y entrar en el reino en última instancia como el ladrón en la cruz.

Podía sentir la presencia de Dios en mi oración. Sabía que iba a morir esa noche y no tenía tiempo. Mientras seguía rezando, el tipo se metió la pistola en la cintura y simplemente se marchó. En mi oración de rodillas, negocié con Dios: si me sacaba de aquella situación, le serviría. Y el estúpido de mí le dijo a Dios lo que quería. No quería ser hipócrita. Quería estar de verdad con Jesús, y que no me hablara a través de otra persona; que me hablara directamente, como hizo Moisés. Moisés tenía ese tipo de relación con Dios hasta el punto de llevar un velo porque la gente no podía mirarlo para ver su gloria. Puedo meterme en suficientes problemas por mí mismo. No necesito ayuda para ir al infierno.

Descubrí que Dios había estado tratando conmigo todo el tiempo. Simplemente no lo entendía. Yo quería el tipo de relación con Dios en la que pudiera ir a Él y encontrarme con Él cara a cara, y no depender de un mensaje que viniera de un tercero. Moisés habló con Dios hasta que la gloria de Dios se reflejó en él y tuvo que ponerse un velo. El pueblo moriría si viera esa gloria. Dios se mostró en Su rostro. Ese es el tipo de relación que yo le pedía a Dios: el movimiento y la obra del espíritu. A una edad muy joven, tendría una experiencia fuera del cuerpo, vería visiones de lugares en los que nunca he estado, y serían exactamente como los vi. Sentía la presencia de Dios como si se me pusiera la piel de gallina o se me erizara el vello de la nuca. Aprendí a confiar en el espíritu y a no apoyarme en mi propio entendimiento (Hebreos 10:31). También aprendí que puedo confiar en mis sentimientos cuando se trata del espíritu y que el espíritu ha estado tratando conmigo mucho antes de que me diera cuenta.

Lo que realmente importa no es lo que haces por Cristo, sino lo que Cristo hace por ti. Cualquiera puede y hará cualquier cosa por Dios, esté o no en Su voluntad (Tito 2:11). Dos semanas después de mi semana, un miércoles de 2:00 a 3:00 a.m., asistentes nocturnos perdieron la vida frente a las puertas de la bahía, baleados con un calibre .45, estilo ejecución. Creo que Dios me estaba dando la comprensión del movimiento de Su espíritu, la comprensión de las cosas espirituales que estaban sucediendo en mi vida para que yo no tuviera que tener miedo de lo que estaba viendo o escuchando o teniendo lugar en mi vida. Incluso dado parte de mi oración, ser capaz de hablar con Dios directamente y conocerlo en ese nivel personal.

Moisés solo vio la parte obstaculizada de Dios cuando sus ojos fueron cubiertos, y la gloria de Dios se mostró en su rostro hasta que tuvo que usar un velo porque la gente no podía mirar su rostro. Con todas las cosas que estaban sucediendo en mi vida y mi muerte inminente, no fue una decisión difícil servir a Dios. En esta decisión, hice algunas exigencias a Dios. Una era que nos comunicáramos cara a cara, sin intermediarios, para tener una relación en la que nos entendiéramos. Y dos, que le representara bien y viviera según la confesión de mi fe. Deseaba conocerle de un modo más perfecto. Empecé a leerme la Biblia y a comprender mi propósito en la vida (Romanos 12:1-2; Hebreos 12:1-2).

Jesús fue bautizado por Juan después de que el espíritu descendió sobre Él. La Palabra y el espíritu se unieron de nuevo como Su plan para Adán-Dios en la carne (1 Corintios 15:45-58; Mateo 27:50-54; Lucas 23:42; Lucas 16:24-31; Hebreos 11:1-40; Mateo 12:39-45; Hebreos 12:1; Romanos 8:29-39). Estableciendo el curso de las cosas por venir, Dios hizo que un profundo sueño se apoderara de Adán, tomó una de sus costillas y creó una ayuda: una mujer. Cuando volvió en sí, supo que estaba hecha para él, y la llamó su esposa, el primer matrimonio bendecido por Dios. Dios no dice nada sin motivo. En el principio, la Escritura es hablada en misterio, puesta para suceder en Su tiempo y de la manera que Él planeó que fuera.

La mujer salió del hombre-su novia, su ayuda, su esposa. Jesús también tiene una novia-una mujer, Su iglesia. Jesús está haciendo un camino para que la iglesia, Su novia, Su esposa, vuelva a entrar en Él. Esto se logró en la cruz cuando el soldado quería romper las piernas de Jesús, pero él ya había renunciado al fantasma y decidió atravesar con una lanza el costado de Jesús y salió sangre y agua. Esta acción preparo el camino para que la novia volviera a entrar en el cuerpo de Jesús. Esto tardó cientos de años en suceder. Eso fue en Su tiempo, y un misterio tuvo lugar miles de años después. Isaías 35:8 habla de ese camino, y Genesis 3:24 habla de la espada flamígera volviéndose en todas direcciones para guardar el camino del árbol de la vida, que es el mismo camino. La mayoría de los cristianos olvidan cómo surgió Eva porque esto ocurrió a lo largo de generaciones y es un misterio (Romanos 8:9-19; Juan 14:15-20).

De todas las historias de la Biblia, no hay muchas cosas que hacer. Los cristianos llevan mucho tiempo diciendo que Jesús viene. Algunos hablan de un rapto, si eso es lo que usted cree. Dios va a llevar a cabo su plan para el fin de los tiempos y mucha gente se lo va a perder debido a su conciencia espiritual o a la falta de ella. El conocimiento de las cosas naturales y de la ciencia aumenta día a día. ¿Por qué no el conocimiento de Dios y de la Palabra de Dios (Apocalipsis 10:7-10)? Esta generación está gimiendo con expectación por los hijos de Dios manifestados, personas llenas del espíritu de Dios que andan haciendo la voluntad de Dios (Mateo 22:14).

Con entendimiento, Jesús viene a nosotros hijos manifestados de Dios. Se lo perdieron la primera vez y se van a perder Su Segunda Venida. ¿Por qué no Su tercera y última venida? Los cristianos, hasta el día de hoy, están disputando acerca de la Segunda Venida de Jesús. Ese tiempo ha venido y se ha ido. Dios nunca hizo nada sin informar a Su pueblo. Si los fieles no están siendo fieles, ¿quién está ayudando a los infieles? El pueblo de Dios va a descubrir dónde está Jesús, quiénes son, y qué poder poseen para representar la Palabra y declarar Su generación. Cuando esto suceda, no deben preocuparse por sus vidas. Ellos deben caminar en el camino que Dios planeo para ellos, moverse al territorio de los enemigos, y ser parte de la Segunda Venida de Cristo. Recuerden que la espada flamígera protegía el camino, no el árbol (Génesis 3:24 e Isaías 35:8).

Jesús, muriendo en la cruz, entregó el Espíritu, el mismo Espíritu que descendió sobre Él en forma de paloma y permaneció con Él durante todo Su ministerio. La paloma representa las tres dispensaciones de Dios, predichas, y el proceso iniciado por Noé en el arca. El mismo Dios cuya gloria se mostró en el rostro de Moisés; el mismo Dios del Antiguo Testamento; el mismo Dios que dijo: "Hágase la luz"; el mismo que vino de repente a Su templo. El mismo que es un fuego consumidor, el mismo que está en mí, el mismo que está bautizando a sus hijos de Dios manifestados con el Espíritu

Santo y fuego. Ustedes dirán: "¿Cómo puede ser esto?". Fui esposo; soy padre; soy hijo y hermano; tengo muchos cargos, pero soy la misma persona. ¿Hay algo demasiado difícil para Dios?

Cuando Jesús entregó el Fantasma, el velo del templo se rasgó o rasgó de arriba abajo, y empezaron a aparecer tumbas del polvo (Mateo 27:50). Cuando Jesús murió, fue al corazón de la tierra, donde se encontraba el paraíso en aquel tiempo. Fue al infierno y tomó las llaves del diablo, el poder y la autoridad, y cruzó el abismo entre el infierno y el paraíso donde estaban Abraham y Lázaro, todos los que murieron en la fe y fueron llevados al seno de Abraham que no recibieron la promesa. Entonces Él se levantó, la resurrección se levantó, y cuando Él se levantó, ellos se levantaron con Él (Colosenses 1:14-19). Ahora el paraíso fue dejado en el tercer cielo; ya no debajo de la tierra, sino ahora en el cielo.

Jesús, ascendiendo sobre todas las cosas, antes de partir, dio a Pedro las llaves y le dijo que fuera a Jerusalén y esperara la promesa del Padre, el bautismo de fuego. Desde ese momento, incluso hasta ahora, la gente ha estado buscando a Jesús y no pueden encontrarlo-el comienzo de Su Segunda Venida. Él está en Su pueblo. Él vive en mí. Los cristianos citan mal la escritura de Mateo 6:10 en la tierra: "Hágase tu voluntad en la tierra como en el cielo". Mientras haya maldad en el mundo, Su voluntad no puede hacerse en él; sólo puede hacerse en la tierra en el cuerpo de una persona que elige servir a Dios y a Sus principios (Mateo 6:10). El diablo tomando la palabra de Dios engañó a Eva dándole su interpretación, su entendimiento y su opinión de lo que Dios dice, llevando a cabo su plan para desorientar a los cristianos. Otro ejemplo de que el diablo malinterpreta las escrituras es que cuando Jesús, después de ayunar cuarenta días, en la montaña, el diablo vino a Jesús, dando su interpretación de las escrituras y tratando de que Jesús comiera rocas y saltara de la montaña. Jesús se defendió del diablo con el conocimiento y la comprensión de las Escrituras. Si pudo hacerle eso a Jesús, sería muy fácil acercarse a un cristiano inexperto y sin fundamento en la palabra. Con toda la maldad en el mundo, la voluntad de Dios solo puede hacerse en la tierra con el bautismo de fuego en el espíritu. Es el Espíritu el que da al cristiano poder sobre la carne, las drogas, el pecado, la mentira, el engaño o cualquier otra cosa. Él está en mí. Él está en la familia de su iglesia. Así como El cambio la ubicación del paraíso, El cambio la forma de Su Segunda Venida.

Las escrituras dicen que el mundo no lo vera más y no lo encontraran. El mundo no lo vera en ningún tiempo futuro. El misterio de Jesús es que mientras el mundo discute acerca de quién es El y donde esta, Sus hijos, los manifestados, se aferran al espíritu de Dios, aprendiendo acerca de cómo El planea cumplir Su palabra. Dios no habla en vano. Hay un propósito y un plan para todo lo que Él dijo en Su palabra. De la misma manera, en el principio, con Noé, nunca llovió para regar la tierra hasta el diluvio, el cual cambió los títulos con los que Él era conocido a Su nombre. Todo esto fue hecho en Su tiempo. Sólo a unos pocos selectos se les dijo de Su plan y advertencia previa para escapar de la ira venidera.

Han pasado más de dos mil años desde Su resurrección. La misma cantidad de tiempo para el bautismo de fuego en el día de Pentecostés. Está a punto de haber un cambio. Con este cambio, Dios ha puesto en marcha Su plan para disfrazar quién es Él, todavía en Génesis 22:8. Abraham puso en marcha el cambio de las cosas. Una, su apariencia de mentir que Dios permitió. Nos encontramos con que no era una mentira, pero sólo una manera de Abraham en la situación de quién era Abraham. Abraham realmente era el hermano de Sara y solo fue revelado al rey después de robar a Sara, siendo advertido por Dios que ella era su esposa. La segunda vez que Sara fue robada a causa de su belleza fue con Abimelec cuando Dios tuvo que revelar al rey que Sara era la esposa de Abraham, la hija del padre de Abraham, y que no tenían la misma madre. Dos, Génesis 22:8. Cuando el Señor dijo que Él se proveería de un sacrificio, no un sacrificio sino Él mismo un sacrificio, es la lectura correcta de esa escritura. Eso se cumplió a través de Jesús. Jesús era un misterio. Él era el Dios del Antiguo Testamento (Juan 5:39-47). Moisés escribió los cinco primeros libros de la Biblia. Hijo de Dios, Cordero de Dios, hijo de David, todas las escrituras escritas sobre Jesús. Él podía operar en cualquiera de Sus oficios, y el lector no sabría quién era Él a menos que Él se le revelara.

Tres, las escrituras muestran cuan misericordioso es Dios cuando Abraham redujo el número de cincuenta a diez buenas personas en Sodoma para que Dios no los destruyera. Con un estudio cuidadoso de la Biblia, lo que está escrito, interpretaciones no escritas y conclusiones, usted tiene acceso a muchas opiniones. Sólo una importa, y es el hecho, el plan y el significado de Dios, que debe ser coherente en toda la Biblia. Se dieron instrucciones específicas a los siervos de Abraham en la búsqueda de una esposa para su hijo, Isaac, indicando cómo quería que escogieran una esposa de entre sus parientes cercanos para casarse con Isaac. No se habló nada de Sara, de cómo llegó a ser la esposa de Abraham hasta que Dios reveló a Abimelec que Sara era la esposa de Abraham. El plan y propósito de Dios creó una oportunidad para disfrazar quien era Abraham, para disfrazar quien era Jesús, y para disfrazar quienes son los hijos manifestados de Dios y qué papel juegan en la Segunda Venida de Cristo.

Las escrituras están ahí para que cualquiera se forme una opinión, llegue a una conclusión y se equivoque totalmente. Jesús fue el primer Hijo de Dios. Ahora los hijos de Dios manifestados están llenos del espíritu de Dios, afirmando tener a Jesús en ellos, haciendo la obra del Hijo de Dios. Si no te es revelado, te lo perderás y a Él (Mateo 13:11-17). Volvamos al Génesis, cuando Dios provocó un sueño profundo en Adán, le quitó una costilla y creó una mujer, su esposa. La mujer salió del hombre, y Dios cerró el costado de Adán. Nada en el libro fue hecho sin un propósito o parte de un plan, abriendo la oportunidad para que Jesús operara en un misterio. Dios dejaba pistas escritas y siempre avisaba a alguien de que las cosas estaban a punto de cambiar. Estos principios nunca cambian. Permanecen lado a lado junto con el proceso de pensamiento de los lectores, la interpretación y la solución a lo que Dios está diciendo. Dios cumplirá lo que dijo en Su propio tiempo, Sus propios métodos, y los cristianos discutirán semántica y su opinión o la solución a la Palabra de Dios, cuando la única interpretación que importa es la de Dios.

Necesitamos estudiar la Palabra, que es el fundamento, para que cuando se nos revele un misterio, podamos aceptarlo y seguir adelante.

Dios esperó más de cuatro mil años para explicar el misterio del acto de Eva. Cuando Jesús en la cruz entre los dos ladrones ya estaba muerto, ellos vieron el costado traspasado de Jesús, y salió sangre y agua, haciendo un camino para que Su novia, la iglesia, volviera a entrar en Él. El primer hombre, Adán, era de la tierra. El segundo hombre es el Señor del cielo. El primero será el último, y el último será el primero (1 Corintios 15:47; Mateo 13:11; Juan 19:34-36). Adán tenía una ayuda, una esposa; Jesús tiene la iglesia, Su novia.

Volviendo a Abraham, varias cosas deben despertar su interés: cambiar el nombre de Abraham para disfrazar quién era y parecer que no decía la verdad; llamar a Sara su hermana; y lo más importante, cuando Abraham dijo: "Dios se proveerá de un cordero para la ofrenda". Cuando Sara le dio a Agar a Abraham para tener hijos y llevar a cabo la palabra de Dios, la solución de Sara hizo que sintiera celos de Agar. El cumplimiento de la palabra de Dios ocurriría diez años más tarde, y a través de las personas que Él quería. Pedro, en el Nuevo Testamento, demostró cuatro veces distintas al poner sus pensamientos ante el Señor, cometer errores.

Considere el fundamento: es la unidad básica cuando se construye una casa. Los cimientos son importantes. Las paredes no son los cimientos; tampoco lo son las ventanas o las habitaciones. Todo esto está en los cimientos, pero no el edificio de los cimientos, sobre el que hay que pisar con cuidado. Hay muchas cosas que puedo transmitirte para abrir tu comprensión de la Palabra de Dios. Tenéis suficiente para centraros en avanzar hacia Dios. Puede que no estés de acuerdo en todos los puntos. Pídele a Dios que te los revele. La Palabra está viva; es dulce y alimento para tu alma. Reza para que la sabiduría y el conocimiento lleguen a las personas destinatarias. Reza también para que siga hablando la Palabra con audacia. Amén.

La importancia de un estudio cuidadoso debe insertarse después de la declaración.

Peligro: como en la generación de Noé, esta vez no será agua sino fuego.

Y antes que las hijas de los hombres fuesen raídas de sobre la faz de la tierra La importancia del estudio cuidadoso de la Biblia. Vemos que la serpiente utilizó la palabra de Dios para engañar y confundir a Eva para que aceptara su interpretación de lo que quería cambiar su significado. Eva, sin entender, añadió su interpretación de "ni lo tocarás para que no mueras", sin tener el fundamento de la palabra para comparar. La serpiente utiliza este engaño en toda la Biblia (Filipenses 2:12; Hebreos 4:12; 2 Tesalonicenses 2:1-4). Cuando un cristiano se basa en una interpretación, su proceso de pensamiento, usted debe encontrar que es consistente con la Biblia, las palabras en la comprensión y la interpretación de lo que se dice y lo que no se dice (Santiago 1:5).

Cuando Dios habla a tu espíritu acerca de Él o de Su palabra, tú puedes creerlo. Entras en un lugar especial en Dios donde tienes comunión con El y entras en el lugar donde tus preguntas son contestadas. Usted habla con Él, y Él habla con usted - una relación personal que recupera lo que se perdió en el jardín. El misterio de Jesús hablando a los cinco mil, que fue durante ese tiempo no había sistemas PA (megafonía). Cuando habló, no tuvo que gritar. Todos le oían hablar con claridad. Cuando Jesús hablaba, hablaba al espíritu del hombre, y había algo especial en el sonido. Sus palabras movían a la gente a hacer una de dos cosas: amar lo que Él decía u odiar lo que Él decía. La Palabra te moverá, lo que causa una reacción para hacer lo que se dijo, creer y seguir.

Escuchar la palabra de Dios hizo que Noé construyera el arca, que le llevó aproximadamente cien años completar. La misma palabra que salvó a Noé y a su familia hizo que todos los demás se ahogaran. La evidencia de Dios hablando a esa generación fue el arca y Él queriendo destruir el mal y la maldad de la faz de la tierra para cambiar las cosas. Dios quiere bendecir a su pueblo y salvarlo del peligro que está por venir. La maldad de esa generación, destruida por el diluvio, eliminó a Caín y a su pueblo de la faz de la tierra. Recuerde, una marca fue puesta sobre Caín para distinguirlo de los demás.

Ustedes, en ese tiempo, tenían el pueblo de Dios y el pueblo de Caín. Ellos se parecían a la gente de Adán, sólo que malvados. La marca de la bestia estaba sobre él. Fue maldecido por Dios por mostrar los atributos de la serpiente, mentir y asesinar a su hermano Abel. Las escrituras dicen que la serpiente era más sutil que cualquier bestia del campo. De ahí que la marca y las escrituras hablen de la enemistad de las semillas y de la falta de respeto de Dios hacia Caín y su ofrenda. El estudio cuidadoso de las escrituras es imperativo, pero no se dice nada sobre su significado implícito, que es igual de importante. Por ejemplo, se dice que Dios tuvo respeto por Abel y su ofrenda, pero por Caín y su ofrenda, no tuvo ningún respeto. Tuviste que cuestionar el razonamiento, el propósito y tu comprensión de esto.

Tu interpretación, proceso de pensamiento, y significado debe alinearse con la Biblia, ya sea escrita, implícita, o seguida por un patrón particular que te da respuestas siguiendo el razonamiento intencionado de los eventos. Dios creó seres perfectos, y el diablo los falsificó entrando como serpiente, engendrando hijos, y permitiendo que el mal entrara en el mundo. Si todas las personas del mundo descendieran de Adán a semejanza de Dios, no habría necesidad de destruir a su familia del mundo. Toda la vida, aparte de Noé y su familia, salió del arca. Un estudio cuidadoso de la Palabra muestra que Noé tardó cien años en completar el arca. Más de 9.000 años sin lluvia, y Noé tenía 601 años 2 meses 27 días cuando salió del arca.

Así que pasó más de un año de tiempo, tiempo que pasó en el arca, tiempo suficiente para que alguien concibiera un hijo, y diera a luz un hijo (Génesis 9:18). La Biblia dice que Cam era el padre de Canaán, pero no está escrito quién era su madre. Cuando Noé despertó de su vino, maldijo al bebé y no a su hijo. Noé maldijo a Canaán. La forma en que Dios eliminó el mal de la tierra mediante el diluvio fue socavada por el diablo. El pecado volvió a entrar en la tierra a través del pueblo de Canaán. Está establecido que Cam fue el padre de Canaán, pero su madre no fue mencionada. La Palabra no especifica quién era su madre; es un misterio no escrito que hay que interpretar basándose en los hechos escritos. Ocho subieron al arca; nueve bajaron del arca. Ellos estuvieron en el arca más de un año. Tuvieron que comer todo el tiempo, por los sietes de los animales limpios que se podían comer y todavía tener un macho y su hembra para reponer la tierra.

Malditos fueron la serpiente, Caín y ahora Canaán. El estudio de la Biblia mostrará que la generación de Canaán odiaba a Dios y era un pueblo sexualmente perverso (Génesis 10:14, 19). Los malos pensamientos del pueblo, pensando que podían pasar por alto a Dios y construir una torre hasta el cielo, confundieron el idioma; la frontera de su país era Filistim. A lo largo de la Biblia, el pueblo de Dios tuvo problemas con los filisteos, que comenzaron en el Génesis y continuaron con David, Sansón y otros. Aquí, el mal reapareció en la tierra, incluso en las ciudades de Sodoma y Gomorra. Cuanto más se alejaba el hombre de Dios, menor era su esperanza de vida.

Al principio, el hombre vivía cientos de años. Ahora la esperanza de vida de un hombre es de apenas noventa años. Sé que lo que les estoy revelando no es popular. Tal vez algunos no lo entiendan o no esté bien dividido y cause controversia, pero hay que esforzarse por conocer la verdad (Mateo 4:4; 1 Corintios 14:10). La mayoría de los Cristianos están siendo pacificados con escrituras y un entendimiento que no se alinea con la Palabra. Por ejemplo, Dios podría ser una mujer (Madre Naturaleza).

Veamos un chupete, una herramienta que se le da a un bebe para mantenerlo ocupado hasta que el padre pueda alimentarlo apropiadamente. Sus bocas estarán haciendo movimientos, sin obtener ningún valor nutritivo y llenando sus estómagos con aire, no con comida. Un niño seguirá dibujando en ese chupete hasta que se duerma y puede hacerlo varias veces hasta que se niegue a llevarse el chupete a la boca, llorando hasta que consiga comida de verdad. Esto está bien para los bebés hasta que empiezan a crecer y desarrollarse; entonces ya no se les puede engañar. Los niños pueden desarrollar extraños hábitos alimenticios, y los padres intentan animar a sus hijos pequeños a comer verduras durante este tiempo, lo cual es muy difícil de hacer (Salmo 23:5).

Una dieta de la Palabra es necesaria. Una persona necesita comer alimentos balanceados para crecer. Con el tiempo, los hábitos alimenticios comienzan a cambiar, hasta el punto de gustarle las verduras de adulto (1 Pedro 1:1-3). Cuando se trata de la Palabra, el deseo, la comprensión, el misterio, y el proceso de pensamiento del escritor y el significado cuando está escrito o implícito, el fundamento es la verdad. No te conformes. Cuando la carne de la Palabra es presentada a usted, su alma y espíritu serán satisfechos.

Empezaras a entender el propósito del autor para dar al lector pistas escritas y no escritas, no aceptando la interpretación de cualquiera de las escrituras. Al igual que Jesús, al comenzar su ministerio, siempre tomaba a sus discípulos aparte para explicarles sus enseñanzas, asegurándose de que tuvieran clara la interpretación, el significado y el proceso de pensamiento. En Mateo 17:1-9 encontramos un ejemplo de cristianos que se hacen una idea equivocada.

Recuerde que Jesús llevó a tres discípulos con Él a la montaña: Pedro, Santiago y Juan. Vieron a Jesús transfigurarse delante de ellos y tuvieron miedo. Pedro habló y dijo: "¿Es bueno que estemos aquí?". Examina la situación. Si no fuera bueno que estuvieran allí, Jesús no los habría llevado con Él. Tenían miedo, no sabían, no entendían, querían construir tabernáculos: uno para Moisés, otro para Elías y otro para Jesús. El miedo puede hacer que la gente haga lo incorrecto. Pedro hizo esto varias veces en la Biblia, confundiendo lo que el Señor quería de él hasta que fue a Jerusalén esperando en la promesa del Padre, la unción, la morada del espíritu de Dios, conduciendo y guiando a toda la verdad. Esto demuestra lo importante que es esperar en el Señor y no apoyarse en el propio entendimiento. Después de recibir el espíritu de Dios, en ningún otro lugar se lee que Pedro cometiera errores.

El mal fue destruido de la tierra por el diluvio; el pecado volvió a entrar en el mundo a través de Canaán y su pueblo sexualmente perverso. Su generación de gente fue referida como las hijas de los hombres. Este pueblo ideó construir la torre hasta Dios, y Dios confundió su lenguaje porque sus pensamientos eran continuamente malos. Las lenguas están perplejas, y ahora hay una diferencia en la falta de respeto a los filisteos, Dios destruyendo Sodoma y Gomorra. Es la falta de respeto de Dios por el pueblo maldito de la generación de Canaán que se documenta en toda la Biblia, incluso David y Sansón. Parece haber cierta confusión acerca de por qué Dios nos daría el mandamiento de no matar y hacer que Su pueblo, Israel, destruyera completamente a los filisteos cuando estaban en batalla atravesando sus ciudades.

Ahora llegamos a la parte de la Biblia donde hay que tener cuidado de cómo se entiende el significado de lo que está escrito, no escrito o implícito. Puedes estar diciendo algo o afirmando lo que crees que es un hecho y estar totalmente equivocado. Tómese el tiempo para estudiar las subnotas que se dan. Lea y estudie el mensaje. Usted puede encontrar que la mayoría no estará de acuerdo. La carne de la Palabra es solo para unos pocos seleccionados, hasta su interpretación, significado, y el plan y propósito de Dios. El propósito de la serpiente en el principio era falsificar el plan de Dios para el hombre, vivir dentro de él y morar juntos para siempre.

La serpiente no podía entrar espiritualmente en la creación de Dios porque era malvada. Entró en una bestia para llevar a cabo su plan. Al darle a Eva el conocimiento del árbol del bien y del mal, Dios lo maldijo hasta el suelo, y su alimento era el polvo de la tierra, una sustancia que era parte del hombre. Esta parte del hombre tenía fecha de caducidad. Aunque la otra parte de Adán, la parte espiritual, viviría para siempre, la parte de polvo volvería a la tierra. Cuanto más se aleja el hombre de Dios, más corta es su esperanza de vida. En el libro del Génesis, la esperanza de vida del hombre era de casi mil años. Ahora no está ni cerca de los mil años, ni siquiera de los cien. En el primer libro, se escribió sobre la serpiente. Sabemos que la serpiente era el diablo. No pudo entrar en el hombre, pero eligió a la bestia para entrar.

¿Qué era la serpiente antes de este relato? (Isaías 2 ;23 -14:12 Tesalonicenses 4-2:1; Ezequiel 28:13; Job 10-1:6). Por todo lo que se hizo, recibiría un castigo eterno, que lo muestra en forma espiritual o un ángel en la presencia de Dios, para saber lo que Dios pensaría de Su palabra, para cambiarla en una mentira. El concepto erróneo del diablo es un diablillo en un traje rojo con orejas puntiagudas, una larga cola puntiaguda y una horca. Satanás era un ángel, un ángel caído, que se propuso en su mente volver a Dios.

Puede que te sorprenda comprender que Dios creó al diablo. Considera esto: si el diablo no estuviera tras nosotros, no oraríamos fervientemente como deberíamos, nos conformaríamos con la oración "Ahora que me acuesto a dormir, ruego al Señor que guarde mi alma". Pero cuando nos persigue, nos ponemos realmente serios con Dios y oramos con convicción, haciendo que nuestras oraciones se extiendan más alto que el techo. Cuando el trabajo está en problemas, el cuerpo está dolorido, los hijos se están descarriando, nos agarraremos de los cuernos del altar y rezaremos como si lo dijéramos en serio. La serpiente se acercó primero a la mujer y la engatusó para que comiera del árbol, le robó su estatura espiritual, asesinó, mintió a Dios y rompió matrimonios de forma continuada a lo largo de los dos primeros capítulos de la Biblia.

Aunque maldecida por Dios, la serpiente, la bestia, el diablo, Lucifer, siguió intentando socavar todo lo que Dios había establecido: los mismos dispositivos, principios, atributos y palabras (Juan 10:10). En el jardín había otro árbol, el árbol de la vida, con una espada flamígera que gira en todas direcciones para guardar el camino del árbol de la vida, no del árbol. Hay un viejo refrán que dice: "Todo el mundo quiere ir al cielo, pero nadie quiere morir para llegar allí". Cuando mueras, debes morir bien, en buena relación con DIOS (Mateo 12:43-45; Romanos 8:8-9).

Estudiar la Biblia requiere concentración, memoria y dedicación para llegar a la conclusión del escritor, Dios. El espíritu nos dará una dirección, un proceso de pensamiento para buscar las cosas profundas de Dios. Aunque escrito de una manera misteriosa, puede ser difícil de comprender para nuestra mente natural. La conclusión o la solución de cómo pensamos o qué sentimos sobre lo que estamos leyendo todavía tiene que girar alrededor del fundamento, que es la Palabra de Dios. Un ejemplo de esto sigue estando en el libro del Génesis. Cuando Dios le dijo a Abraham que lo haría padre de muchas naciones, la solución de Sara para que la palabra de Dios se cumpliera fue darle Agar a Abraham para que diera a luz hijos en lugar de esperar a que Dios cumpliera Su palabra, no siguiendo Su plan. La interpretación de Sara causó que sus sentimientos hacia Agar cambiaran al punto de celos y enojo cuando todo lo que le tomó esperar en Dios para que Su palabra pasara fue aproximadamente diez años después.

¿Hay algo demasiado difícil para Dios? Lo que Él hace, lo hace bien. Ambas soluciones fueron paralelas; a ambas se les permitió continuar. Aunque Sara dio el paso en falso, no por ello dejó de ser el cumplimiento de la segunda parte de hacer de Abraham el padre de muchas naciones. Esto nos muestra que somos importantes para Dios a pesar de nosotros mismos; podemos depender de Él. Génesis nos cuenta la historia de Abraham llamando a Sara su hermana cuando pasaron por los pueblos para salvar la vida de Abraham. A primera vista, parece que Abraham mintió con esa declaración, pero Sara era su pariente cercana y en realidad era su hermana. Si sigues leyendo la historia, Dios permitió que el misterio de quién era Abraham fuera paralelo a la llegada de Cristo a la escena y a que todo el mundo no viera claramente quién era.

Abraham buscó una esposa para su hijo Isaac e hizo que sus siervos le prometieran entrar en su tierra y elegir una esposa para su hijo de su propio pueblo para casarse. Se hicieron arreglos especiales para su hijo; ¿por qué no para Abraham? Los cristianos que no escudriñan las escrituras dirían falsamente que Dios permitió que Abraham mintiera. Su declaración, su interpretación, su solución deben permanecer en línea con el fundamento, que es la verdad. Dios no puede mentir, y mentir no es un atributo de Dios. Él no permitiría que Su siervo diera falso testimonio. Si mintió una vez, no puedes creer que cualquier declaración suya sea la verdad. Una de las declaraciones más importantes que se hicieron sobre Abraham fue que el Señor se proveería a sí mismo de un sacrificio, hablando a Isaac, pero prediciendo la persona de Cristo. Dios se proveyó de un sacrificio por nuestros pecados, dándonos un camino de regreso a Su reino.

Otras historias escritas acerca de Su pueblo dando pasos en falso en la Biblia, Pedro nos da estos ejemplos. Recuerde, un sueño profundo fue puesto sobre Adán, y una costilla fue tomada por Dios y formó una mujer, Eva, la esposa de Adán, su novia. Cuando Jesús fue crucificado entre los dos ladrones para cumplir con las escrituras acerca de Jesús que un hueso de él no se rompería, el soldado perforó el costado de Jesús y salió sangre y agua, dando a la iglesia un camino de regreso, el segundo Adán, la iglesia. Nada en la Biblia se hace por casualidad. Todo tiene un significado concreto. Depende de nosotros alinearnos con el plan de Dios, encontrar el significado de lo que está escrito, y si no está claro para nosotros, preguntar a Dios y Él lo aclarará para nosotros, y Él lo llevará a cabo en Su tiempo y a Su manera.

Un ejemplo de moverse con miedo, falta de comprensión y celo por querer hacer algo por Dios es Pedro. Siguiendo el relato, Jesús tomó aparte a Pedro, Santiago y Juan y se transfiguró delante de ellos. Pedro, inseguro, preguntó: "¿Es bueno que estemos aquí?". El proceso de pensamiento de Pedro fue construir tres tabernáculos, operando con miedo. Jesús lo enderezó cuando la voz del cielo dijo: "Escucha a Jesús". Otra situación fue cuando Pedro cortó la oreja de alguien que estaba allí, creyendo que la violencia era la manera de resolver la situación. La oreja fue reemplazada por Jesús, haciéndole saber que la violencia no era el camino. Pedro, actuando por emoción, negó a Jesús tres veces. Tuvo su oportunidad de morir por Jesús, pero no estaba preparado. La tercera situación, que confunde a muchos cristianos, ocurrió cuando Pedro reunió a las tropas para reemplazar al apóstol Judas por transgresión, abriendo así el espacio para Matías.

Estudia el relato de cómo escogieron a uno que estaba con ellos desde el principio, y luego pregúntate a cuál de los dos escogieron para ocupar el puesto. En su nombramiento, limitaron la elección de Dios a esos dos, y para asegurarse de acertar, echaron suertes. Aunque oraron, limitaron la elección de Dios a esos dos y no esperaron a que Dios eligiera; echaron suertes. Mucha gente atribuye a Matías la elección de Dios; no fue así. El elegido de Dios fue Saulo, que escribió gran parte del Nuevo Testamento, y a Matías nunca se le mencionó ni se escribió que hiciera nada después de que Pedro lo eligiera para ser contado con los once. Ambas historias están escritas para nuestro entendimiento de los cristianos que tienen un celo por querer hacer algo para Dios, limitar a Dios, y tratar, a su entender, de llevar la palabra de Dios a cabo en su marco de tiempo y a su manera. Un buen ejemplo fue Jonás, enfadado porque Dios no hacía las cosas a su manera.

Siguiendo la vida de Jesús, con el sentido de Jesús a la edad de catorce años, a menudo se le encontraba en el templo compartiendo la Palabra de Dios con los ancianos. Ellos, asombrados, lo acogían con agrado. Desde los catorce años hasta los treinta, enseñó la Palabra. Ahora bien, ésta es la Segunda Venida o dispensación, el misterio del Señor a quien el mundo buscaba, preparándose a sí mismo como cordero para el sacrificio, viniendo de repente a su templo, Dios con nosotros. El Espíritu y el cuerpo se unieron cuando Jesús fue bautizado por Juan en el río Jordán. No había relatos de que el espíritu de Dios habitara en alguien antes de Juan y Jesús. Juan, seis meses antes que Jesús, fue lleno del Espíritu en el vientre de su madre. Juan comenzó a ministrar, arrepentirse y ser bautizado antes de que Jesús comenzara a ministrar bajo el poder del Espíritu Santo. Jesús siempre tomaba a Sus discípulos aparte y explicaba Sus palabras que fueron habladas a las masas en misterio y las exponía claramente a Sus discípulos.

Examine las escrituras cuando Jesús se encontró con algunos de Sus discípulos en el camino a Emaús (Lucas 24:14-53). Este es un grupo muy importante de escrituras, dando a los cristianos instrucciones y un mapa de ruta para Su tercera venida. No es fácil de ver y debe ser revelado por Dios mismo, o usted estará tan perdido como el mundo. el fundamento de la Palabra de Dios. El fundamento es solo el comienzo y no es el edificio. Para completar el edificio, hay que colocar elementos encima de los cimientos: paredes, puertas, escalones, y terminar con el techo. Los planos deben ser coherentes con los de los constructores o no funcionará. Esto habla de la tercera venida de Cristo: el misterio de quién es, dónde está, construido cuidadosamente sobre los cimientos de la Palabra y las conclusiones que atribuyes a Dios.

Asegúrate de seguir el plan de Dios y Él abrirá tu entendimiento y cumplirás Su plan para tu vida (Lucas 24:1-53). Examina estas escrituras cuidadosamente; te darán una pista del punto y propósito de este libro. Al leer el mensaje, Jesús encontró a varios de sus discípulos en el camino. Algunos de ellos estaban con Jesús desde el principio de su ministerio, y no lo reconocieron. Esta es una pista importante en cuanto a Su venida de nuevo: un misterio para el mundo, pero un consuelo para Su pueblo elegido. Dios está a punto de moverse, que declarará Su generación (1 Corintios 14:10).

Sobre el autor

Joseph L. Sinkfield tiene sesenta y seis años con experiencia como voluntario en un ministerio de prisiones durante seis años. Trabajó con una organización eclesiástica formal durante doce años y sintió la necesidad de compartir sus conocimientos y su interpretación de la Biblia. Las conclusiones que sacamos y los atributos que atribuimos a Dios impiden a muchos encontrar a Dios. Para comentarios y discusiones, puede enviar un correo electrónico al autor a Kjv8Wisdom@gmail.com.

www.ingramcontent.com/pod-product-compliance
Lightning Source LLC
Chambersburg PA
CBHW031241120626
46545CB00003B/1219